Sound Cool Speaking English

Sound Cool Speaking English

TV and Movie Phrases

Every Brazilian Should Know

Paula Beneti Costa

© 2024 by Paula Beneti Costa

Published by Fast Domus LLC
6115 Stirling Rd, suite 211, Davie FL, 33314
Paula@CpfmEnterprises.com

All rights Reserved. The text of this publication or any part thereof, may not be reproduced in any manner whatsoever without the permission in written from the author.

Beneti Costa, Paula
    Sound Cool Speaking English: TV and Movie Phrases
    Every Brazilian Should Know/ Paula Beneti Costa – 1st ed.
    ISBN: 978-1-7365467-0-3
    1. Education & Teaching - Studying & Workbooks. 2. Reference - English as a Second Language.

Nunca deixe
de acreditar
nas voltas bonitas
que a vida dá.

Acknowledgments

To my husband, César, thank you for always supporting my ideas, no matter how big or small. Your belief in me has been a constant source of strength. To my son, Fabio, and my daughter, Mariana, you inspire me to turn the tables and reinvent myself every day. Your love and encouragement keep me moving forward, and for that, I am forever grateful. I am also deeply thankful for my curiosity and desire to keep learning new things. These traits have fueled my growth and helped me to continually evolve, even in the face of change.

Author's Note

This book is a reflection of my personal journey as an immigrant who has found solace in unexpected places—one of them being movies. Movies not only entertained me but became my informal teachers, showing me the richness of English that textbooks often overlook. It was through cinema that I discovered the beauty of colloquial expressions, idioms, and phrases that native speakers use effortlessly, allowing me to feel more connected to my new world.

Coming from a background as a physician for almost 30 years, facing many challenges to continue practicing my craft and finding the courage to reinvent myself was no easy task. But I firmly believe that we all have more than one talent, and with your unwavering support, I've been able to explore and embrace new paths.

If you've ever struggled to feel at home in a foreign country or language, you'll find this story inspiring. It shows that learning a new language doesn't have to come solely from textbooks—it can come from passion, curiosity, and the media we already love. Through my experiences, readers will uncover the beauty of English as it's spoken naturally, with phrases and expressions that aren't often taught in traditional classes. It's not just about language; it's about understanding culture, humor, and nuance through the everyday magic of film.

Beyond language learning, this book is for anyone facing major life changes. Whether you're an immigrant or someone who's starting a new chapter in life, it's a reminder that adaptation is possible, and sometimes, the things we love most can guide us through the toughest transitions. This book offers a fresh perspective on how one woman turned her love for movies into a powerful tool for mastering English and integrating it into her new environment.

This is a celebration of resilience, curiosity, and the joy of learning—perfect for those who love language, cinema, or stories of personal transformation. I hope that through my journey, readers can find a little bit of their own story, whether they are immigrants themselves or simply lovers of language and cinema.

Thank you for sharing in this adventure with me.

About Myself

Born and raised in Brazil, I am blessed to have my parents still with me, even as they remain in my home country. I come from a large family with one brother and three sisters. For most of my life, I dedicated myself to my career as a cardiologist, serving others with care and commitment. I am the proud mother of two wonderful children, Fabio and Mariana, and married to the most admirable man, César.

I am a cardiologist with nearly 30 years of experience in Brazil. Throughout my life, I've always loved studying and expanding my horizons, especially when it comes to learning new languages.

In 2016, I embarked on a new journey as an immigrant. It was a challenge, but I overcame my limiting beliefs and embraced a fresh chapter in life, fully focused on the future and the many opportunities it holds.

When my husband and I decided to pursue a new life in the United States, I faced one of the biggest challenges of my life—starting over in a foreign country. But in every challenge lies an opportunity, and this book is a testament to how I embraced the newness, found joy in learning, and turned a passion for film into a means of cultural and linguistic adaptation.

Contents

Movie Idioms 19
Phrasal Verbs 25

Movie Idioms

In this section, you'll dive into expressions that have been featured in over 50 popular movies, capturing the way Americans actually speak in real life. These aren't your typical textbook phrases – they're the cool, everyday sayings that instantly make you sound like someone who's in the know. By weaving these expressions into your daily conversations, you'll not only impress people with your fluency, but you'll also connect on a deeper level, sounding like someone who's lived through American culture. Whether it's a casual chat with friends or a business meeting, these phrases will make you sound effortlessly confident and in tune with how real Americans talk – just like the characters in your favorite films.

See here the expression and one example of the use:

1. **Dip a toe**: Before committing to the class, I decided to dip a toe by attending one session.

2. **Thick as thieves**: Those two have been best friends since childhood; they're thick as thieves.

3. **To call around**: I lost my wallet, so I had to call around to different places to see if anyone found it.

4. **By the skin of my teeth**: I made it to the bus stop by the skin of my teeth—the bus was about to leave!

5. **Feel out of sorts**: I've been feeling out of sorts all day, like something's not quite right.

6. **Flying the coop**: When she turned 18, she packed her bags and flew the coop to start her own life.

7. **Eating crow**: After bragging about his prediction, he had to eat crow when he was proven wrong.

8. **Dashing for the fray**: When the race began, all the runners dashed for the fray, eager to win.

9. **Creep out**: That old abandoned house really creeps me out.

10. **Play hooky**: Instead of going to school, they decided to play hooky and go to the beach.

11. **No pun intended**: I used to be a baker, but I couldn't make enough dough—no pun intended.

12. **Wear DEET**: We're hiking in mosquito country, so don't forget to wear DEET.

13. **Don't bring it up**: He's still upset about losing the game, so don't bring it up.

14. **I ran into her**: I ran into her at the grocery store and we caught up on life.

15. **I'll go over it**: If you're confused about the instructions, I'll go over it with you.

16. **It was called off**: The soccer game was called off because of the rain.

17. **I take after my mom**: I take after my mom in looks and personality—we're both very organized.

18. **It was put off**: The meeting was put off until next week due to scheduling conflicts.

19. **I look up to you**: You've been such a great mentor to me; I really look up to you.

20. **Step on it**: We're going to be late! Step on it!

21. **No sweat:** Thanks for helping me out today. No sweat, happy to help!

22. **My apologies:** My apologies for being late, I got stuck in traffic.

23. **Let's hit the road:** The concert starts soon—let's hit the road!

24. **Cut it out**: Hey, cut it out! You're being too loud.

25. **You have a point**: I didn't think of it that way, but you have a point.

26. **Give it your all**: This is the final round of the competition, so give it your all!

27. **It's pouring**: We were going to play outside, but now it's pouring!

28. **Take it easy**: You've been working hard all day—take it easy for a while.

29. **They tied the knot**: After dating for five years, they finally tied the knot in a beautiful ceremony.

30. **She broke the ice**: The meeting was a little awkward until she broke the ice with a funny story.

31. **I got it straight from the horse's mouth**: I heard the news directly from the manager—straight from the horse's mouth.

32. **Burn the midnight oil**: He's been burning the midnight oil studying for his exams.

33. **Back to the drawing board:** The experiment failed, so it's back to the drawing board for us.

34. **She caught me red-handed**: I tried to sneak a cookie, but she caught me red-handed!

35. **You drive me up the wall**: When you leave your clothes on the floor, it drives me up the wall!

36. **Let the cat out of the bag**: We were going to keep the surprise party a secret, but she let the cat out of the bag.

37. **Does it ring a bell?:** I can't remember her name, but she said we met before—does that ring a bell?

38. **You lost me**: You were explaining the math problem, but you lost me after the second step.

39. **Blow off some steam**: After a long day at work, I went for a run to blow off some steam.

40. **It costs a fortune**: That designer bag costs a fortune—I could never afford it.

41. **Rain or shine**: We're having the picnic this Saturday, rain or shine!

42. **Way to go!:** You aced the test—way to go!

43. **It's still up in the air**: We might go to the beach this weekend, but it's still up in the air.

44. **Keep your chin up**: I know you're going through a tough time, but keep your chin up—it'll get better.

45. **You're a fish out of water**: At his first dance class, he felt like a fish out of water.

46. **Speak of the devil**: We were just talking about you, and here you are—speak of the devil!

47. **Now or never**: If you want to apply for that job, it's now or never.

48. **Bite the bullet:** I didn't want to apologize, but I had to bite the bullet and admit I was wrong.

49. **In the blink of an eye**: The accident happened so fast—it was over in the blink of an eye.

50. **It's a piece of cake**: Don't worry about the test; it'll be a piece of cake!

Phrasal Verbs

Phrasal verbs are one of the trickiest yet most important parts of mastering American English. Unlike in Brazilian Portuguese, where verbs are often clear and direct, phrasal verbs in English combine a verb with a small word (like "up," "off," or "out") to create completely new meanings. For example, in Portuguese, you'd say "**terminar**" to mean "**finish**", but in English, you might say "**wrap up**"—a phrasal verb. This difference can be confusing at first, but once you grasp how phrasal verbs work, you'll not only understand native speakers better, but you'll also sound much more fluent and natural yourself.

The beauty of phrasal verbs is their flexibility. They're used in casual conversation, business settings, and even in movies and TV shows. Learning how to use them will give you the tools to express yourself in a way that resonates with native speakers. For example, instead of saying "**cancelar**" (cancel), you'll say "**call off**" in English, which is a more natural, everyday way to express the same idea.

By incorporating these 500 phrasal verbs into your vocabulary, you'll gain a huge advantage in speaking English like a native. Each verb in this list comes with real-life examples in both English and Portuguese so you can see exactly how to use them in context. Whether you're talking to friends, colleagues, or even strangers, using phrasal verbs will instantly make you sound more confident, fluent, and at ease in American conversations.

1. **Abide by - Obedecer**
   - Inglês: You must abide by the rules.
   - Português: Você deve obedecer às regras.

2. **Account for - Explicar**
   - Inglês: Can you account for your whereabouts last night?
   - Português: Você pode explicar onde esteve na noite passada?

3. **Add up - Somar**
   - Inglês: The numbers just don't add up.
   - Português: Os números simplesmente não somam.

4. **Advise against - Aconselhar contra**
   - Inglês: I advise against taking that route.
   - Português: Eu aconselho contra seguir essa rota.

5. **Agree on - Concordar com**
   - Inglês: We all agree on the importance of this issue.
   - Português: Todos nós concordamos com a importância desta questão.

6. **Agree to - Concordar em**
   - Inglês: They agreed to meet at noon.
   - Português: Eles concordaram em se encontrar ao meio-dia.

7. **Agree with - Concordar com**
   - Inglês: I agree with your opinion.
   - Português: Eu concordo com a sua opinião.

8. **Aim at - Mirar em**
   - Inglês: The policy aims at reducing poverty.
   - Português: A política mira em reduzir a pobreza.

9. **Allow for - Levar em conta**
   - Inglês: We need to allow for unexpected delays.
   - Português: Precisamos levar em conta atrasos inesperados.

10. **Answer back - Responder**
    - Inglês: Don't answer back to your teacher.
    - Português: Não responda à sua professora.

11. **Answer for - Responder por**
    - Inglês: You will have to answer for your actions.
    - Português: Você terá que responder por suas ações.

12. **Apply for - Candidatar-se a**
    - Inglês: She applied for the job.
    - Português: Ela se candidatou ao emprego.

13. **Approve of - Aprovar**
    - Inglês: Do you approve of their decision?
    - Português: Você aprova a decisão deles?

14. **Argue about - Discutir sobre**
    - Inglês: They argue about trivial matters.
    - Português: Eles discutem sobre assuntos triviais.

15. **Argue Against - Argumentar contra**
    - Inglês: He argued against the new policy.
    - Português: Ele argumentou contra a nova política.

16. **Argue for - Argumentar a favor**
    - Inglês: She argued for more flexibility.
    - Português: Ela argumentou a favor de mais flexibilidade.

17. **Argue with - Discutir com**
    - Inglês: Don't argue with your parents.
    - Português: Não discuta com seus pais.

18. **Ask after - Perguntar por**
    - Inglês: She asked after you at the party.
    - Português: Ela perguntou por você na festa.

19. **Ask around - Perguntar por aí**
    - Inglês: I'll ask around to see if anyone has seen my dog.
    - Português: Vou perguntar por aí para ver se alguém viu meu cachorro.

20. **Ask for - Pedir**
    - Inglês: She asked for some water.
    - Português: Ela pediu um pouco de água.

21. **Ask out - Convidar para sair**
    - Inglês: He finally asked her out.
    - Português: Ele finalmente a convidou para sair.

22. **Back away - Recuar**
    - Inglês: The dog backed away when I approached.
    - Português: O cachorro recuou quando eu me aproximei.

23. **Back down - Desistir**
    - Inglês: He backed down from the challenge.
    - Português: Ele desistiu do desafio.

24. **Back off - Afastar-se**
    - Inglês: The police told the crowd to back off.
    - Português: A polícia disse à multidão para se afastar.

25. **Back out - Retirar-se**
    - Inglês: He backed out of the agreement at the last minute.
    - Português: Ele retirou-se do acordo no último minuto.

26. **Back up - Apoiar**
    - Inglês: I'll back you up if you need help.
    - Português: Eu vou te apoiar se você precisar de ajuda.

27. **Bank on - Contar com**
    - Inglês: You can bank on his support.
    - Português: Você pode contar com o apoio dele.

28. **Bargain for - Esperar**
    - Inglês: I didn't bargain for so much work.
    - Português: Eu não esperava tanto trabalho.

29. **Base on - Basear-se em**
    - Inglês: The film is based on a true story.
    - Português: O filme é baseado em uma história real.

30. **Bear out - Confirmar**
    - Inglês: The evidence bears out his story.
    - Português: A evidência confirma a história dele.

31. **Bear with Ter paciência com**
    - Inglês: Please bear with me while I finish this.
    - Português: Por favor, tenha paciência comigo enquanto eu termino isso.

32. **Beat up - Espancar**
    - Inglês: They beat him up after the game.
    - Português: Eles o espancaram depois do jogo.

33. **Become of - Acontecer com**
    - Inglês: What will become of the children?
    - Português: O que vai acontecer com as crianças?

34. **Beg off - Desculpar-se**
    - Inglês: She begged off going to the party.
    - Português: Ela se desculpou por não ir à festa.

35. **Begin with - Começar com**
    - Inglês: Let's begin with a short introduction.
    - Português: Vamos começar com uma breve introdução.

36. **Believe in - Acreditar em**
    - Inglês: Do you believe in ghosts?
    - Português: Você acredita em fantasmas?

37. **Belong to - Pertencer a**
    - Inglês: This book belongs to me.
    - Português: Este livro pertence a mim.

38. **Bend down - Abaixar-se**
    - Inglês: She bent down to pick up the pen.
    - Português: Ela se abaixou para pegar a caneta.

39. **Bend over - Inclinar-se**
    - Inglês: Bend over and touch your toes.
    - Português: Incline-se e toque os dedos dos pés.

40. **Black out - Desmaiar**
    - Inglês: He blacked out after the accident.
    - Português: Ele desmaiou depois do acidente.

41. **Blame for - Culpar por**
    - Inglês: Don't blame me for your mistakes.
    - Português: Não me culpe pelos seus erros.

42. **Blow away - Impressionar**
    - Inglês: Her performance blew me away.
    - Português: A performance dela me impressionou.

43. **Blow out - Apagar (vela)**
    - Inglês: She blew out the candles on her birthday cake.
    - Português: Ela apagou as velas do bolo de aniversário.

44. **Blow up - Explodir**
    - Inglês: The bomb could blow up at any moment.
    - Português: A bomba pode explodir a qualquer momento.

45. **Boil down to - Resumir-se a**
    - Inglês: It all boils down to money.
    - Português: Tudo se resume a dinheiro.

46. **Break away - Separar-se**
    - Inglês: She broke away from the crowd.
    - Português: Ela se separou da multidão.

47. **Break down - Quebrar**
    - Inglês: The car broke down on the way.
    - Português: O carro quebrou no caminho.

48. **Break in - Invadir**
    - Inglês: Someone broke in last night.
    - Português: Alguém invadiu na noite passada.

49. **Break into - Invadir**
    - Inglês: Thieves broke into the house.
    - Português: Ladrões invadiram a casa.

50. **Break off - Romper**
    - Inglês: She broke off the engagement.
    - Português: Ela rompeu o noivado.

51. **Break out - Estourar**
    - Inglês: A fire broke out in the building.
    - Português: Um incêndio estourou no prédio.

52. **Break through- Romper**
    - Inglês: The sun broke through the clouds.
    - Português: O sol rompeu as nuvens.

53. **Break up - Terminar (relacionamento)**
    - Inglês: They decided to break up.
    - Português: Eles decidiram terminar.

54. **Bring about - Causar**
    - Inglês: The new law brought about many changes.
    - Português: A nova lei causou muitas mudanças.

55. **Bring along - Trazer junto**
    - Inglês: You can bring along a friend.
    - Português: Você pode trazer um amigo junto.

56. **Bring around - Convencer**
    - Inglês: He finally brought her around to his point of view.
    - Português: Ele finalmente a convenceu do ponto de vista dele.

57. **Bring away - Aprender**
    - Inglês: I brought away valuable lessons from that experience.
    - Português: Eu aprendi lições valiosas daquela experiência.

58. **Bring back - Trazer de volta**
    - Inglês: Please bring back the book you borrowed.
    - Português: Por favor, traga de volta o livro que você pegou emprestado.

59. **Bring down Derrubar**
    - Inglês: The scandal may bring down the government.
    - Português: O escândalo pode derrubar o governo.

60. **Bring forward - Apresentar**
    - Inglês: They decided to bring forward the meeting.
    - Português: Eles decidiram apresentar a reunião.

61. **Bring in - Trazer**
    - Inglês: The new project will bring in more clients.
    - Português: O novo projeto vai trazer mais clientes.

62. **Bring off - Conseguir**
    - Inglês: He managed to bring off the deal.
    - Português: Ele conseguiu fechar o negócio.

63. **Bring on - Causar**
    - Inglês: Stress can bring on illness.
    - Português: O estresse pode causar doença.

64. **Bring out - Lançar**
    - Inglês: The company will bring out a new product next month.
    - Português: A empresa vai lançar um novo produto no próximo mês.

65. **Bring over - Trazer**
    - Inglês: Bring your family over for dinner.
    - Português: Traga sua família para jantar.

66. **Bring round - Recuperar**
    - Inglês: The doctor brought him round.
    - Português: O médico o recuperou.

67. **Bring to - Fazer voltar a si**
    - Inglês: The cold water brought him to.
    - Português: A água fria o fez voltar a si.

68. **Bring up - Criar (crianças)**
    - Inglês: She was brought up in the countryside.
    - Português: Ela foi criada no campo.

69. **Brush off - Ignorar**
    - Inglês: He brushed off the criticism.
    - Português: Ele ignorou a crítica.

70. **Brush up - Revisar**
    - Inglês: I need to brush up on my French.
    - Português: Eu preciso revisar meu francês.

71. **Build up - Construir**
    - Inglês: They built up the business from scratch.
    - Português: Eles construíram o negócio do zero.

72. **Burn down - Incendiar**
    - Inglês: The old house was burned down.
    - Português: A casa velha foi incendiada.

73. **Burn out - Esgotar**
    - Inglês: He burned out after working too much.
    - Português: Ele se esgotou depois de trabalhar demais.

74. **Burst out - Explodir**
    - Inglês: She burst out laughing.
    - Português: Ela explodiu em risadas.

75. **Call back - Retornar a ligação**
    - Inglês: I'll call you back later.
    - Português: Eu vou retornar a ligação mais tarde.

76. **Call for - Exigir**
    - Inglês: This situation calls for immediate action.
    - Português: Esta situação exige ação imediata.

77. **Call in - Chamar**
    - Inglês: We need to call in a specialist.
    - Português: Precisamos chamar um especialista.

78. **Call off - Cancelar**
    - Inglês: They called off the meeting.
    - Português: Eles cancelaram a reunião.

79. **Call on - Visitar**
    - Inglês: We will call on our neighbors tonight.
    - Português: Nós vamos visitar nossos vizinhos esta noite.

80. **Call out - Chamar**
    - Inglês: She called out for help.
    - Português: Ela chamou por ajuda.

81. **Call up - Telefonar**
    - Inglês: I'll call him up tomorrow.
    - Português: Vou telefonar para ele amanhã.

82. **Calm down - Acalmar-se**
    - Inglês: Calm down and take a deep breath.
    - Português: Acalme-se e respire fundo.

83. **Care for - Cuidar de**
    - Inglês: She cares for her elderly mother.
    - Português: Ela cuida da mãe idosa.

84. **Carry away - Deixar levar**
    - Inglês: Don't get carried away with excitement.
    - Português: Não se deixe levar pela empolgação.

85. **Carry off - Ganhar**
    - Inglês: She carried off the first prize.
    - Português: Ela ganhou o primeiro prêmio.

86. **Carry on - Continuar**
    - Inglês: They decided to carry on despite the difficulties.
    - Português: Eles decidiram continuar apesar das dificuldades.

87. **Carry out - Realizar**
    - Inglês: He carried out his duties efficiently.
    - Português: Ele realizou suas tarefas eficientemente.

88. **Carry over - Transferir**
    - Inglês: The holidays will carry over to next year.
    - Português: Os feriados serão transferidos para o próximo ano.

89. **Catch on - Pegar**
    - Inglês: This trend is catching on quickly.
    - Português: Essa tendência está pegando rapidamente.

90. **Catch out - Pegar (no erro)**
    - Inglês: The teacher caught him out.
    - Português: O professor o pegou no erro.

91. **Catch up - Alcançar**
    - Inglês: I need to catch up on my work.
    - Português: Eu preciso tirar o atraso do meu trabalho.

92. **Catch up with - Alcançar**
    - Inglês: I'll catch up with you later.
    - Português: Eu te encontro mais tarde.

93. **Check in - Fazer check-in**
    - Inglês: We need to check in at the hotel by 3 PM.
    - Português: Precisamos dar saida do hotel até as 15h.

94. **Check into - Registrar-se**
    - Inglês: She checked into the hospital last night.
    - Português: Ela se registrou no hospital ontem à noite.

95. **Check off - Marcar**
    - Inglês: Check off each task as you complete it.
    - Português: Marque cada tarefa conforme você a completar.

96. **Check on - Verificar**
    - Inglês: Can you check on the kids?
    - Português: Você pode verificar as crianças?

97. **Check out - Fazer check-out**
    - Inglês: We need to check out by noon.
    - Português: Precisamos sair até o meio-dia.

98. **Check over - Examinar**
    - Inglês: The mechanic checked over the car.
    - Português: O mecânico examinou o carro.

99. **Check up - on Investigar**
    - Inglês: The manager checked up on the new employee.
    - Português: O gerente investigou o novo funcionário.

100. Cheer up - Animar-se
- Inglês: Cheer up! It's not the end of the world.
- Português: Anime-se! Não é o fim do mundo.

101. Chip in - Contribuir
- Inglês: Everyone chipped in for the gift.
- Português: Todos contribuíram para o presente.

102. Clear away - Limpar
- Inglês: Clear away the dishes after dinner.
- Português: Limpe os pratos depois do jantar.

103. Clear off - Ir embora
- Inglês: Clear off! You're not welcome here.
- Português: Vá embora! Você não é bem-vindo aqui.

104. Clear out - Desocupar
- Inglês: We need to clear out the garage.
- Português: Precisamos desocupar a garagem.

105. Clear up - Esclarecer
- Inglês: Can you clear up this misunderstanding?
- Português: Você pode esclarecer esse mal-entendido?

106. Close down - Fechar
- Inglês: The factory closed down last year.
- Português: A fábrica fechou no ano passado.

107. Close in on - Cercar
- Inglês: The police closed in on the suspect.
- Português: A polícia cercou o suspeito.

108. Close off - Isolar
- Inglês: They closed off the road.
- Português: Eles isolaram a estrada.

109. Come across - Encontrar por acaso
- Inglês: I came across an old friend in town.
- Português: Encontrei um velho amigo na cidade.

110. Come along - Acompanhar
- Inglês: You can come along if you like.
- Português: Você pode acompanhar se quiser.

111. Come apart - Desmoronar
- Inglês: The toy came apart in my hands.
- Português: O brinquedo desmoronou em minhas mãos.

112. Come around - Voltar
- Inglês: She'll come around eventually.
- Português: Ela vai voltar eventualmente.

113. Come back - Voltar
- Inglês: Please come back soon.
- Português: Por favor, volte logo.

114. Come by - Conseguir
- Inglês: How did you come by this information?
- Português: Como você conseguiu essa informação?

115. Come down - Descer
- Inglês: The cat won't come down from the tree.
- Português: O gato não desce da árvore.

116. Come down to - Resumir-se a
- Inglês: It all comes down to hard work.
- Português: Tudo se resume a trabalho duro.

117. Come forward - Apresentar-se
- Inglês: The witness came forward with new evidence.
- Português: A testemunha se apresentou com novas evidências.

118. Come in - Entrar
- Inglês: Please come in and take a seat.
- Português: Por favor, entre e sente-se.

119. Come into - Herdar
- Inglês: She came into a large inheritance when her uncle passed away.
- Português: Ela herdou uma grande herança quando seu tio faleceu.

120. Come off - Acontecer
- Inglês: Did the event come off as planned?
- Português: O evento aconteceu conforme planejado?

121. Come on - Vamos
- Inglês: Come on, we're going to be late!
- Português: Vamos, vamos nos atrasar!

122. Come out - Sair
- Inglês: When does the new book come out?
- Português: Quando o novo livro será lançado?

123. Come over - Visitar
- Inglês: Why don't you come over for dinner?
- Português: Por que você não vem nos visitar para o jantar?

124. Come round - Recuperar-se
- Inglês: She fainted but soon came round.
- Português: Ela desmaiou, mas logo se recuperou.

125. Come through - Atravessar
- Inglês: The documents finally came through.
- Português: Os documentos finalmente chegaram.

126. Come to - Recuperar a consciência
- Inglês: He slowly came to after the accident.
- Português: Ele lentamente recuperou a consciência após o acidente.

127. **Come up - Surgir**
    - Inglês: A new opportunity came up at work.
    - Português: Uma nova oportunidade surgiu no trabalho.

128. **Come up with - Propor**
    - Inglês: She came up with a brilliant idea.
    - Português: Ela propôs uma ideia brilhante.

129. 129. **Count on - Contar com**
    - Inglês: You can always count on me.
    - Português: Você sempre pode contar comigo.

130. **Crack down on - Reprimir**
    - Inglês: The police are cracking down on illegal activities.
    - Português: A polícia está reprimindo atividades ilegais.

131. **Cross out - Riscar**
    - Inglês: Cross out the wrong answers.
    - Português: Risque as respostas erradas.

132. **Cut across - Atravessar**
    - Inglês: We cut across the field to save time.
    - Português: Atravessamos o campo para economizar tempo.

133. **Cut back - Reduzir**
    - Inglês: We need to cut back on expenses.
    - Português: Precisamos reduzir as despesas.

134. **Cut down - Cortar**
    - Inglês: They cut down the old tree.
    - Português: Eles cortaram a árvore velha.

135. **Cut in - Interromper**
    - Inglês: She cut in while I was speaking.
    - Português: Ela me interrompeu enquanto eu estava falando.

136. **Cut off C- ortar**
    - Inglês: The water supply was cut off due to the drought.
    - Português: O fornecimento de água foi cortado devido à seca.

137. **Cut out - Eliminar**
    - Inglês: You should cut out sugar from your diet.
    - Português: Você deve eliminar o açúcar da sua dieta.

138. **Cut up - Picar**
    - Inglês: He cut up the vegetables for the salad.
    - Português: Ele picou os vegetais para a salada.

139. **Deal with - Lidar com**
    - Inglês: She knows how to deal with difficult customers.
    - Português: Ela sabe como lidar com clientes difíceis.

140. **Decide on - Decidir**
    - Inglês: They decided on the blue paint for the room.
    - Português: Eles decidiram pela tinta azul para o quarto.

141. **Draw in - Atrair**
    - Inglês: The museum draws in thousands of visitors each year.
    - Português: O museu atrai milhares de visitantes todos os anos.

142. **Draw on - Inspirar-se em**
    - Inglês: He drew on his experience to solve the problem.
    - Português: Ele se inspirou em sua experiência para resolver o problema.

143. **Draw out - Tirar**
    - Inglês: She drew out some money from the bank.
    - Português: Ela tirou dinheiro do banco.

144. **Draw up - Redigir**
    - Inglês: They drew up a contract.
    - Português: Eles redigiram um contrato.

145. **Dress! up - Vestir-se bem**
     - Inglês: You don't need to dress up for the party
     - Português: Você não precisa se vestir bem para a festa.

146. **Drive away - Afastar**
     - Inglês: The loud noise drove away the birds.
     - Português: O barulho alto afastou os pássaros.

147. **Drive back - Recuar**
     - Inglês: The army drove back the invaders
     - Português: O exército recuou os invasores.

148. **Drop by Dar uma passada**
     - Inglês: Drop by my office when you have time.
     - Português: Dê uma passada no meu escritório quando tiver tempo.

149. **Drop in - Visitar**
     - Inglês: Feel free to drop in anytime.Português: Sinta-se à vontade para visitar a qualquer momento.

150. **Drop off - Deixar**
     - Inglês: I'll drop you off at the station.
     - Português: Eu vou te deixar na estação.

151. **Drop out - Abandonar**
     - Inglês: He dropped out of school
     - Português: Ele abandonou a escola.

152. **Drown out - Abafar**
     - Inglês: The music drowned out the conversation.
     - Português: A música abafou a conversa.

153. **Dry off - Secar**
     - Inglês: She dried off with a towel.
     - Português: Ela se secou com uma toalha.

154. **Dry out - Secar completamente**
    - Inglês: The sun dried out the wet clothes.
    - Português: O sol secou completamente as roupas molhadas.

155. **Dry up - Secar**
    - Inglês: The river dried up during the drought.
    - Português: O rio secou durante a seca.

156. **Dust off - Limpar**
    - Inglês: She dusted off the old books.
    - Português: Ela limpou os livros antigos.

157. **Eat out- Comer for a**
    - Inglês: We decided to eat out tonight.
    - Português: Decidimos comer fora esta noite.

158. **End in - Resultar em**
    - Inglês: The meeting ended in a disagreement.
    - Português: A reunião resultou em um desentendimento.

159. **End up - Acabar**
    - Inglês: He ended up in the hospital.
    - Português: Ele acabou no hospital.

160. **Face up to - Encarar**
    - Inglês: You need to face up to your responsibilities.
    - Português: Você precisa encarar suas responsabilidades.

161. **Fall apart - Desmoronar**
    - Inglês: The old chair fell apart.
    - Português: A cadeira velha desmoronou.

162. **Fall back - Recuar**
    - Inglês: The troops fell back to regroup.
    - Português: As tropas recuaram para se reorganizar.

163. • **Fall back on - Recorrer a**
     - Inglês: We can fall back on our savings if necessary.
     - Português: Podemos recorrer às nossas economias se necessário.

164. **Fall behind Ficar para trás**
     - Inglês: He fell behind in his studies.
     - Português: Ele ficou para trás nos estudos.

165. **Fall down - Cair**
     - Inglês: He fell down the stairs.
     - Português: Ele caiu da escada.

166. **Fall for Apaixonar-se por**
     - Inglês: She fell for his charming smile.
     - Português: Ela se apaixonou pelo sorriso encantador dele.

167. **Fall in - Cair**
     - Inglês: The roof fell in after the heavy rain.
     - Português: O telhado caiu após a forte chuva.

168. **Fall off - Cair**
     - Inglês: The leaves are falling off the trees.
     - Português: As folhas estão caindo das árvores.

169. **Fall out Desentender-se**
     - Inglês: They fell out over a trivial matter.
     - Português: Eles se desentenderam por uma questão trivial.

170. **Fall over - Cair**
     - Inglês: He tripped and fell over.
     - Português: Ele tropeçou e caiu.

171. **Fall through - Fracassar**
     - Inglês: Our plans fell through at the last minute.
     - Português: Nossos planos fracassaram no último minuto.

172. **Feel for Ter empatia**
    - Inglês: I really feel for her in this difficult time.
    - Português: Eu realmente sinto empatia por ela neste momento difícil.

173. **Feel up to Sentir-se com energia, ter vontade de**
    - Inglês: Do we have to go to the party? I really don't feel up to it.
    - Português: Temos que ir festa? Eu não sinto vontade de ir.

174. **Figure out Descobrir**
    - Inglês: Can you figure out how to solve this problem?
    - Português: Você pode descobrir como resolver este problema?

175. **Fill in - Preencher**
    - Inglês: Please fill in this form.
    - Português: Por favor, preencha este formulário.

176. **Fill out - Preencher**
    - Inglês: Fill out the application completely.
    - Português: Preencha a ficha completamente.

177. **Fill up Encher**
    - Inglês: He filled up the tank with gas.
    - Português: Ele encheu o tanque de gasolina.

178. **Find out - Descobrir**
    - Inglês: I found out that she was lying.
    - Português: Eu descobri que ela estava mentindo.

179. **Fit in Encaixar-se**
    - Inglês: He doesn't fit in with the rest of the team.
    - Português: Ele não se encaixa com o resto da equipe.

180. **Fit into - Caber**
    - Inglês: These shoes don't fit into the box.
    - Português: Esses sapatos não cabem na caixa.

181. **Fix up - Consertar**
    - Inglês: We need to fix up the house before selling it.
    - Português: Precisamos consertar a casa antes de vendê-la.

182. **Focus on - Focar em**
    - Inglês: You should focus on your studies.
    - Português: Você deve focar em seus estudos.

183. **Fold up - Dobrar**
    - Inglês: Fold up the blanket and put it away.
    - Português: Dobre o cobertor e guarde-o.

184. **Follow through Completar**
    - Inglês: You need to follow through with your commitments.
    - Português: Você precisa completar seus compromissos.

185. **Follow up - Acompanhar**
    - Inglês: The doctor will follow up with you next week.
    - Português: O médico vai acompanhar você na próxima semana.

186. **Fool around - Brincar**
    - Inglês: Stop fooling around and get to work.
    - Português: Pare de brincar e comece a trabalhar.

187. **Get across Comunicar**
    - Inglês: He found it hard to get his point across.
    - Português: Ele achou difícil comunicar seu ponto de vista.

188. **Get ahead - Progredir**
    - Inglês: She works hard to get ahead in her career.
    - Português: Ela trabalha duro para progredir em sua carreira.

189. **Get along Dar-se bem**
    - Inglês: Do you get along with your colleagues?
    - Português: Você se dá bem com seus colegas?

190. **Get around - Contornar**
    - Inglês: We found a way to get around the problem.
    - Português: Encontramos uma maneira de contornar o problema.

191. **Get away - Escapar**
    - Inglês: They managed to get away from the police.
    - Português: Eles conseguiram escapar da polícia.

192. **Get away with Sair impune**
    - Inglês: He got away with cheating on the exam.
    - Português: Ele saiu impune ao colar no exame.

193. **Get back - Voltar**
    - Inglês: When did you get back from your trip?
    - Português: Quando você voltou da sua viagem?

194. **Get back at Vingar-se**
    - Inglês: She's trying to get back at him for what he did.
    - Português: Ela está tentando se vingar dele pelo que ele fez.

195. **Get back to Voltar para**
    - Inglês: Let's get back to the main topic.
    - Português: Vamos voltar ao tópico principal.

196. **Get by - Sobreviver**
    - Inglês: They're struggling to get by on a low income.
    - Português: Eles estão lutando para sobreviver com uma renda baixa.

197. **Get down - Descer**
    - Inglês: Get down from that tree right now!
    - Português: Desça dessa árvore agora mesmo!

198. **• Get down to Pôr-se a**
    - Inglês: Let's get down to business.
    - Português: Vamos nos pôr a trabalhar.

199. Get in - Chegar
- Inglês: What time did you get in last night?
- Português: A que horas você chegou ontem à noite?

200. Get in on - Participar
- Inglês: She wants to get in on the project.
- Português: Ela quer participar do projeto.

201. Get into - Entrar
- Inglês: He got into trouble at school.
- Português: Ele entrou em problemas na escola.

202. Get off - Descer
- Inglês: We need to get off the bus at the next stop.
- Português: Precisamos descer do ônibus na próxima parada.

203. Get on - Subir
- Inglês: Get on the train before it leaves
- Português: Suba no trem antes que ele saia.

204. Get on - with Continuar
- Inglês: Stop talking and get on with your work.
- Português: Pare de falar e continue seu trabalho.

205. Get out - Sair
- Inglês: Get out of the car
- Português: Saia do carro.

206. Get out of Sair de
- Inglês: How can I get out of this mess?
- Português: Como posso sair dessa bagunça?

207. Get over - Superar
- Inglês: She's finding it hard to get over the breakup.
- Português: Ela está achando difícil superar o término.

208. **Get round to** Encontrar tempo para
    - Inglês: I haven't got round to it yet.
    - Português: Ainda não encontrei tempo para isso.

209. **Get through - Passar**
    - Inglês: I can't get through this traffic.
    - Português: Eu não consigo passar por esse trânsito.

210. **Get through to** Comunicar-se
    - Inglês: I finally got through to her on the phone.
    - Português: Finalmente consegui me comunicar com ela por telefone.

211. **Get together** Juntar-se
    - Inglês: Let's get together for lunch.
    - Português: Vamos nos juntar para almoçar.

212. **Get up Levantar-se**
    - Inglês: I get up at 6 AM every day.
    - Português: Eu me levanto às 6 da manhã todos os dias.

213. **Give away - Doar**
    - Inglês: She gave away all her old clothes.
    - Português: Ela doou todas as suas roupas velhas.

214. **Give back - Devolver**
    - Inglês: Can you give back the book I lent you?
    - Português: Você pode devolver o livro que eu te emprestei?

215. **Give in - Ceder**
    - Inglês: He finally gave in to their demands.
    - Português: Ele finalmente cedeu às demandas deles.

216. **Give off Exalar**
    - Inglês: The flowers give off a lovely scent.
    - Português: As flores exalam um aroma adorável.

217. **Give out - Distribuir**
    - Inglês: They were giving out free samples.
    - Português: Eles estavam distribuindo amostras grátis.

218. **Give up Desistir**
    - Inglês: Don't give up on your dreams.
    - Português: Não desista dos seus sonhos.

219. **Go about Tratar de**
    - Inglês: How do you go about starting a business?
    - Português: Como você trata de começar um negócio?

220. **Go after Ir atrás de**
    - Inglês: She's going after a promotion.
    - Português: Ela está indo atrás de uma promoção.

221. **• Go ahead - Ir em frente**
    - Inglês: You can go ahead with your plans.
    - Português: Você pode ir em frente com seus planos.

222. **Go along - Concordar**
    - Inglês: I decided to go along with their suggestion.
    - Português: Eu decidi concordar com a sugestão deles.

223. **Go along with - Concordar com**
    - Inglês: I'll go along with whatever you decide.
    - Português: Eu vou concordar com o que você decidir.

224. **Go around - Dar uma volta**
    - Inglês: Let's go around the block.
    - Português: Vamos dar uma volta no quarteirão.

225. **Go away - Ir embora**
    - Inglês: Please go away and leave me alone.
    - Português: Por favor, vá embora e me deixe em paz.

226. **Go back - Voltar**
    - Inglês: I want to go back to school.
    - Português: Eu quero voltar para a escola.

227. **Go back on - Voltar atrás**
    - Inglês: Don't go back on your promise.
    - Português: Não volte atrás na sua promessa.

228. **Go by - Passar**
    - Inglês: Time goes by so quickly.
    - Português: O tempo passa tão rápido.

229. **Go down - Descer**
    - Inglês: The sun is going down.
    - Português: O sol está descendo.

230. **Go for Optar por**
    - Inglês: I think I'll go for the steak.
    - Português: Eu acho que vou optar pelo bife.

231. **Go in - Entrar**
    - Inglês: Let's go in and have a look.
    - Português: Vamos entrar e dar uma olhada.

232. **Go in for - Inscrever-se**
    - Inglês: She decided to go in for the competition.
    - Português: Ela decidiu se inscrever para a competição.

233. **Go into - Entrar em**
    - Inglês: Let's go into more detail about this plan.
    - Português: Vamos entrar em mais detalhes sobre este plano.

234. **Go off - Explodir**
    - Inglês: The bomb could go off at any time.
    - Português: A bomba pode explodir a qualquer momento.

235. **Go on - Continuar**
    - Inglês: Please go on with your story.
    - Português: Por favor, continue com sua história.

236. **Go out - Sair**
    - Inglês: We're going out for dinner.
    - Português: Estamos saindo para jantar.

237. **Go over - Revisar**
    - Inglês: Let's go over your homework.
    - Português: Vamos revisar seu dever de casa.

238. **Go through - Atravessar**
    - Inglês: We went through a lot of difficulties.
    - Em português: Nós atravessamos muitas dificuldades.

239. **Go together - Combinar**
    - Inglês: These colors go together well.
    - Português: Essas cores combinam bem.

240. **Go under - Falir**
    - Inglês: The company went under last year.
    - Português: A empresa faliu no ano passado.

241. **Go up - Subir**
    - Inglês: The prices are going up.
    - Português: Os preços estão subindo.

242. **Go with Acompanhar**
    - Inglês: I'll go with you to the store.
    - Português: Eu vou com você à loja.

243. **Grow apart Afastar-se**
    - Inglês: We grew apart over the years.
    - Português: Nós nos afastamos ao longo dos anos.

244. **Grow into Crescer e se tornar**
    - Inglês: She grew into a confident young woman.
    - Português: Ela cresceu e se tornou uma jovem confiante.

245. **Grow on - Crescer em**
    - Inglês: This song is growing on me.
    - Português: Esta música está crescendo em mim.

246. **Grow out of - Deixar de**
    - Inglês: He grew out of his childish habits.
    - Português: Ele deixou seus hábitos infantis.

247. **Grow up - Crescer**
    - Inglês: She grew up in a small town.
    - Português: Ela cresceu em uma cidade pequena.

248. **Hand back - Devolver**
    - Inglês: Please hand back the papers.
    - Português: Por favor, devolva os papéis.

249. **Hand down - Passar adiante**
    - Inglês: This tradition was handed down from my grandparents.
    - Português: Esta tradição foi passada adiante pelos meus avós.

250. **Hand in - Entregar**
    - Inglês: Hand in your assignments by Friday.
    - Português: Entregue suas tarefas até sexta-feira.

251. **Hand on - Passar**
    - Inglês: Hand this book on to your friend.
    - Português: Passe este livro para o seu amigo.

252. **Hand out Distribuir**
    - Inglês: They were handing out flyers.
    - Português: Eles estavam distribuindo folhetos.

253. Hand over - Entregar
- Inglês: Hand over your Keys.
- Português: Entregue suas chaves.

254. Hang about Ficar por aí
- Inglês: We used to hang about in the park.
- Português: Nós costumávamos ficar por aí no parque.

255. Hang around Ficar por aí
- Inglês: Don't hang around after school.
- Português: Não fique por aí depois da escola.

256. Hang back - Hesitar
- Inglês: He hung back, unsure of what to do.
- Português: Ele hesitou, sem saber o que fazer.

257. Hang in - Aguentar
- Inglês: Hang in there, things will get better.
- Português: Aguente firme, as coisas vão melhorar.

258. Hang on - Esperar
- Inglês: Hang on a minute, I'll be right back.
- Português: Espere um minuto, eu já volto.

259. Hang out - Spend time
- Inglês: Let's hang out at the mall.
- Português: Vamos passar tempo no shopping.

260. Hang over - Ameaçar
- Inglês: The threat of war hangs over the country.
- Português: A ameaça de guerra paira sobre o país.

261. Hang up - Desligar
- Inglês: She hung up the phone.
- Português: Ela desligou o telefone.

262. **Head for - Dirigir-se a**
    - Inglês: They're heading for the mountains.
    - Português: Eles estão se dirigindo para as montanhas.

263. **Hear about - Ouvir falar**
    - Inglês: Did you hear about the new policy?
    - Português: Você ouviu falar sobre a nova política?

264. **Hear from - Receber notícias**
    - Inglês: I haven't heard from him in weeks.
    - Português: Eu não recebo notícias dele há semanas.

265. **Hear of - Ouvir falar**
    - Inglês: I've never heard of that book.
    - Português: Eu nunca ouvi falar desse livro.

266. **Hit back - Revidar**
    - Inglês: He hit back after being insulted.
    - Português: Ele revidou após ser insultado.

267. **Hit on - Dar em cima**
    - Inglês: He hit on her at the party.
    - Português: Ele deu em cima dela na festa.

268. **Hit out - Atacar**
    - Inglês: She hit out at the critics.
    - Português: Ela atacou os críticos.

269. **Hit up - Pedir**
    - Inglês: Can I hit you up for a favor?
    - Português: Posso te pedir um favor?

270. **Hold back - Conter**
    - Inglês: She couldn't hold back her tears.
    - Português: Ela não conseguiu conter suas lágrimas.

271. **Hold down - Segurar**
    - Inglês: Hold down the fort while I'm gone.
    - Português: Fica firme (segura) enquanto eu estiver fora.

272. **Hold on - Esperar**
    - Inglês: Hold on, I'll be right back.
    - Português: Espere, eu já volto.

273. **Hold out - Resistir**
    - Inglês: They held out for a better offer.
    - Português: Eles resistiram por uma oferta melhor.

274. **Hold up - Assaltar**
    - Inglês: The robbers held up the bank.
    - Português: Os ladrões assaltaram o banco.

275. **Hook up - Conectar-se**
    - Inglês: They hooked up the computers to the network.
    - Português: Eles conectaram os computadores à rede.

276. **Hunt down - Caçar**
    - Inglês: The police hunted down the criminal.
    - Português: A polícia caçou o criminoso.

277. **Hurry up Apressar-se**
    - Inglês: Hurry up, we're going to be late!
    - Português: Apresse-se, vamos nos atrasar.

278. **Iron out - Resolver**
    - Inglês: We need to iron out the details of the agreement.
    - Português: Precisamos resolver os detalhes do acordo.

279. **Join in - Participar**
    - Inglês: Would you like to join in the game?
    - Português: Você gostaria de participar do jogo?

280. Join up - Alistar-se
- Inglês: He joined up with the army right after high school.
- Português: Ele se alistou no exército logo após o ensino médio.

281. Keep at - Persistir
- Inglês: Keep at it, and you will succeed.
- Português: Persista, e você terá sucesso.

282. Keep away - Manter distância
- Inglês: Keep away from the edge of the cliff.
- Português: Mantenha distância da beira do penhasco.

283. Keep back - Manter-se afastado
- Inglês: The police kept back the crowd for safety.
- Português: A polícia manteve a multidão afastada por segurança.

284. Keep down - Manter baixo
- Inglês: Keep your voice down in the library.
- Português: Mantenha sua voz baixa na biblioteca.

285. Keep from - Evitar
- Inglês: I couldn't keep from laughing during the movie.
- Português: Eu não consegui evitar rir durante o filme.

286. Keep in - Conter
- Inglês: He kept his anger in during the meeting.
- Português: Ele conteve sua raiva durante a reunião.

287. Keep off - Manter-se afastado
- Inglês: Keep off the grass.
- Português: Mantenha-se afastado da grama.

288. Keep on - Continuar
- Inglês: Keep on studying, and you'll get better grades.
- Português: Continue estudando, e você terá melhores notas.

289. Keep out - Ficar fora
- Inglês: Keep out of my room!
- Português: Fique fora do meu quarto!

290. Keep to - Cumprir
- Inglês: Let's keep to the schedule.
- Português: Vamos cumprir o cronograma.

291. Keep up - Manter
- Inglês: Keep up the good work!
- Português: Continue com o bom trabalho!

292. Keep up with Acompanhar
- Inglês: She works hard to keep up with her studies.
- Português: Ela trabalha duro para acompanhar seus estudos.

293. Kick off - Começar
- Inglês: The game will kick off at 7 PM.
- Português: O jogo vai começar às 19h.

294. Knock down - Derrubar
- Inglês: The wind knocked down the tree.
- Português: O vento derrubou a árvore.

295. Knock off - Derrubar
- Inglês: She knocked off the vase from the table.
- Português: Ela derrubou o vaso da mesa.

296. Knock out - Nocautear
- Inglês: The boxer knocked out his opponent.
- Português: O boxeador nocauteou seu oponente.

297. Knock over - Derrubar
- Inglês: The cat knocked over the lamp.
- Português: O gato derrubou a lâmpada.

298. Know of - Saber de
- Inglês: Do you know of a good restaurant around here?
- Português: Você sabe de um bom restaurante por aqui?

299. Lace up - Amarrar
- Inglês: Lace up your shoes before you go out.
- Português: Amarre seus sapatos antes de sair.

300. Land up - Acabar
- Inglês: He landed up in jail after the fight.
- Português: Ele acabou na prisão após a briga.

301. Latch on - Agarrar
- Inglês: The baby latched on to his mother's finger.
- Português: O bebê agarrou o dedo da mãe.

302. Lay into - Atacar
- Inglês: She really laid into him for being late.
- Português: Ela realmente atacou ele por estar atrasado.

303. Lay off - Demitir
- Inglês: They had to lay off several employees.
- Português: Eles tiveram que demitir vários funcionários.

304. Lay out - Dispor
- Inglês: She laid out the documents on the table.
- Português: Ela dispôs os documentos na mesa.

305. Lead to - Levar a
- Inglês: This road leads to the city center.
- Português: Esta estrada leva ao centro da cidade.

306. Leave out - Omitir
- Inglês: He left out some important details.
- Português: Ele omitiu alguns detalhes importantes.

307. Let down - Decepcionar
- Inglês: Don't let me down.
- Português: Não me decepcione.

308. Let in Deixar entrar
- Inglês: Can you let the cat in?
- Português: Você pode deixar o gato entrar?

309. Let off - Soltar
- Inglês: The teacher let the students off early.
- Português: O professor soltou os alunos mais cedo.

310. Let on Deixar escapar
- Inglês: He let on that he knew the secret.
- Português: Ele deixou escapar que sabia o segredo.

311. Let out - Deixar sair
- Inglês: She let out a scream.
- Português: Ela soltou um grito.

312. Lie down - Deitar-se
- Inglês: I need to lie down for a while.
- Português: Eu preciso deitar por um tempo.

313. Light up - Acender
- Inglês: He lit up a cigarette.
- Português: Ele acendeu um cigarro.

314. Live down - Esquecer
- Inglês: He'll never live down that embarrassing moment.
- Português: Ele nunca vai esquecer aquele momento embaraçoso.

315. Live on - Viver de
- Inglês: They live on a small pension.
- Português: Eles vivem de uma pequena pensão.

316. Live up to - Corresponder
- Inglês: He lived up to everyone's expectations.
- Português: Ele correspondeu às expectativas de todos.

317. Lock away - Trancar
- Inglês: She locked away her valuables.
- Português: Ela trancou seus objetos de valor.

318. Lock in - Trancar
- Inglês: They locked themselves in the room.
- Português: Eles se trancaram no quarto.

319. Lock out - Trancar
- Inglês: He locked himself out of the house.
- Português: Ele se trancou fora de casa.

320. Lock up - Trancar
- Inglês: Don't forget to lock up before you leave.
- Português: Não se esqueça de trancar antes de sair.

321. Look after - Cuidar de
- Inglês: She looks after her younger brother.
- Português: Ela cuida do irmão mais novo.

322. Look ahead - Olhar para frente
- Inglês: We need to look ahead and plan for the future.
- Português: Precisamos olhar para frente e planejar para o futuro.

323. Look around - Olhar em volta
- Inglês: They looked around the new house.
- Português: Eles olharam em volta da casa nova.

324. Look at - Olhar para
- Inglês: Look at the picture.
- Português: Olhe para a foto.

325. **Look back - Olhar para trás**
    - Inglês: Don't look back, just keep moving forward.
    - Português: Não olhe para trás, continue seguindo em frente.

326. **Look down on - Desprezar**
    - Inglês: He looks down on people who don't have a degree.
    - Português: Ele despreza pessoas que não têm um diploma.

327. **Look for - Procurar**
    - Inglês: I'm looking for my keys.
    - Português: Estou procurando minhas chaves.

328. **Look forward to - Aguardar ansiosamente**
    - Inglês: I'm looking forward to the weekend.
    - Português: Estou aguardando ansiosamente o fim de semana.

329. **Look in - Dar uma olhada**
    - Inglês: Look in on the kids before you go to bed.
    - Português: Dê uma olhada nas crianças antes de ir para a cama.

330. **Look into - Investigar**
    - Inglês: The police are looking into the case.
    - Português: A polícia está investigando o caso.

331. **Look on - Observar**
    - Inglês: He just looked on while they argued.
    - Português: Ele apenas observou enquanto eles discutiam.

332. **Look out - Tomar cuidado**
    - Inglês: Look out! There's a car coming.Português: Cuidado! Está vindo um carro.

333. **Look out for Cuidar de -**
    - Inglês: Look out for your little sister. –
    - Português: Cuide da sua irmãzinha.

334. Look over - Examinar
- Inglês: Look over your work before you hand it in.Português: Examine seu trabalho antes de entregá-lo.

335. Look round Olhar em volta
- Inglês: Look round the room for your book.
- Português: Olhe em volta da sala para encontrar seu livro.

336. Look through - Examinar
- Inglês: Look through these documents.
- Português: Examine estes documentos.

337. Look to - Contar com
- Inglês: We look to you for guidance.
- Português: Contamos com você para orientação.

338. Look up - Melhorar
- Inglês: Things are looking up for our business.
- Português: As coisas estão melhorando para o nosso negócio.

339. Look up to - Admirar
- Inglês: She looks up to her older brother
- Português: Ela admira seu irmão mais velho.

340. Make for - Dirigir-se a
- Inglês: Let's make for the exit.
- Português: Vamos nos dirigir para a saída.

341. Make into - Transformar em
- Inglês: They made the old barn into a house.
- Português: Eles transformaram o celeiro velho em uma casa.

342. Make of - Fazer de
- Inglês: What do you make of this situation?
- Português: O que você faz dessa situação?

343. **Make off - Fugir**
    - Inglês: The thieves made off with the loot.
    - Português: Os ladrões fugiram com o saque.

344. **Make out - Distinguir**
    - Inglês: I can't make out what he's saying.
    - Português: Eu não consigo distinguir o que ele está dizendo.

345. • **Make over - Transformar**
    - Inglês: They made over the entire house. –
    - Português: Eles transformaram a casa inteira.

346. **Make up - Inventar**
    - Inglês: He made up a story about why he was late.
    - Português: Ele inventou uma história sobre por que estava atrasado.

347. **Make up for - Compensar**
    - Inglês: He made up for his mistake by working extra hours.
    - Português: Ele compensou seu erro trabalhando horas extras.

348. **Mix up - Confundir**
    - Inglês: I always mix up their names.
    - Português: Eu sempre confundo os nomes deles.

349. **Move in - Mudar-se para**
    - Inglês: They're moving into a new house next week.
    - Português: Eles estão se mudando para uma nova casa na próxima semana.

350. **Move into - Mudar-se para**
    - Inglês: They moved into their new office.
    - Português: Eles se mudaram para o novo escritório.

351. **Move on Seguir em frente**
    - Inglês: It's time to move on to the next topic.

- Português: É hora de seguir em frente para o próximo tópico.

352. Move out - Mudar-se
- Inglês: He's moving out of his parents' house.
- Português: Ele está se mudando da casa dos pais.

353. Move over - Dar lugar
- Inglês: Move over and let me sit down.
- Português: Dê lugar e deixe-me sentar.

354. Nail down - Fixar
- Inglês: They nailed down the details of the agreement.
- Português: Eles fixaram os detalhes do acordo.

355. Narrow down - Restringir
- Inglês: We need to narrow down the options.
- Português: Precisamos restringir as opções.

356. Nod off - Cochilar
- Inglês: He nodded off during the movie.
- Português: Ele cochilou durante o filme.

357. Nose around - Vasculhar
- Inglês: She was nosing around in my room.
- Português: Ela estava vasculhando no meu quarto.

358. Occur to - Ocorrer
- Inglês: It didn't occur to me to ask for help.
- Português: Não me ocorreu pedir ajuda.

359. Open up - Abrir
- Inglês: He opened up the shop early.
- Português: Ele abriu a loja cedo.

360. Order in - Pedir para entregar
- Inglês: We decided to order in pizza for dinner.
- Português: Decidimos pedir pizza para o jantar.

361. Pack away - Guardar
- Inglês: She packed away the summer clothes.
- Português: Ela guardou as roupas de verão.

362. Pack in - Terminar
- Inglês: The show was packed in due to bad weather.
- Português: O show foi encerrado devido ao mau tempo.

363. Pack up - Empacotar
- Inglês: They packed up their belongings and moved out.
- Português: Eles empacotaram seus pertences e se mudaram.

364. Pair off - Formar pares
- Inglês: They paired off for the dance.
- Português: Eles formaram pares para a dança.

365. Pass away - Falecer
- Inglês: His grandfather passed away last year.
- Português: O avô dele faleceu no ano passado.

366. Pass by - Passar por
- Inglês: We passed by her house on the way home.
- Português: Passamos pela casa dela no caminho para casa.

367. Pass down - Passar adiante
- Inglês: The ring was passed down through generations.
- Português: O anel foi passado adiante através das gerações.

368. Pass for - Passar por
- Inglês: She could pass for a teenager.
- Português: Ela poderia passar por uma adolescente.

369. Pass off - Passar-se
- Inglês: He tried to pass off the fake as genuine.
- Português: Ele tentou passar o falso como genuíno.

370. Pass on - Transmitir
- Inglês: Please pass on the message.
- Português: Por favor, transmita a mensagem.

371. Pass out - Desmaiar
- Inglês: She passed out from the heat.
- Português: Ela desmaiou por causa do calor.

372. Pass over - Ignorar
- Inglês: She was passed over for the promotion.
- Português: Ela foi ignorada para a promoção.

373. Pass through - Atravessar
- Inglês: We passed through the city on our way to the beach.
- Português: Nós atravessamos a cidade a caminho da praia.

374. Pay back - Pagar de volta
- Inglês: I'll pay you back next week.
- Português: Eu vou te pagar de volta na próxima semana.

375. Pay off - Compensar
- Inglês: All her hard work paid off in the end.
- Português: Todo o trabalho duro dela compensou no final.

376. Pick at - Beliscar
- Inglês: He picked at his food without much appetite.
- Português: Ele beliscou a comida sem muito apetite.

377. • Pick on - Implicar com
- Inglês: The older kids pick on him at school.
- Português: As crianças mais velhas implicam com ele na escola.

378. **Pick out - Escolher**
    - Inglês: She picked out a dress for the party.
    - Português: Ela escolheu um vestido para a festa.

379. **Pick up - Pegar**
    - Inglês: I need to pick up some groceries.
    - Português: Eu preciso pegar alguns mantimentos.

380. **Play along - Fazer de conta**
    - Inglês: Just play along with their game.
    - Português: Apenas faça de conta com o jogo deles.

381. **Play at - Brincar de**
    - Inglês: The kids are playing at being pirates
    - Português: As crianças estão brincando de ser piratas.

382. **Play down - Minimizar**
    - Inglês: He tried to play down the seriousness of the situation
    - Português: Ele tentou minimizar a seriedade da situação.

383. **Play on - Aproveitar-se de**
    - Inglês: He played on her fears to get what he wanted.
    - Português: Ele aproveitou-se dos medos dela para conseguir o que queria.

384. **Play up - Exagerar**
    - Inglês: She played up her achievements during the interview.
    - Português: Ela exagerou suas conquistas durante a entrevista.

385. **Point out - Apontar**
    - Inglês: He pointed out the flaws in the plan.
    - Português: Ele apontou as falhas no plano.

386. **Polish off - Acabar com**
    - Inglês: They polished off the entire cake.
    - Português: Eles acabaram com o bolo inteiro.

387. **Pop in - Dar uma passada**
    - Inglês: Why don't you pop in for a visit?
    - Português: Por que você não dá uma passada para uma visita?

388. **Pop up - Aparecer**
    - Inglês: Ads keep popping up on my screen.
    - Português: Anúncios continuam aparecendo na minha tela.

389. **Pull apart - Desmontar**
    - Inglês: He pulled apart the old computer.
    - Português: Ele desmontou o computador velho.

390. **Pull away - Afastar-se**
    - Inglês: The car pulled away from the curb.
    - Português: O carro se afastou do meio-fio.

391. **Pull back - Recuar**
    - Inglês: The troops were ordered to pull back.
    - Português: As tropas foram ordenadas a recuar.

392. **Pull down - Derrubar**
    - Inglês: They pulled down the old building.
    - Português: Eles derrubaram o prédio antigo.

393. **Pull in - Atraír**
    - Inglês: The show pulls in a large audience every night.
    - Português: O show atrai uma grande audiência todas as noites.

394. **Pull off - Conseguir**
    - Inglês: He pulled off a surprise victory.
    - Português: Ele conseguiu uma vitória surpresa.

395. **Pull out - Retirar**
    - Inglês: The company pulled out of the deal.
    - Português: A empresa retirou-se do acordo.

396. **Pull over - Encostar**
    - Inglês: The police officer told him to pull over.
    - Português: O policial disse para ele encostar.

397. **Pull through - Recuperar-se**
    - Inglês: She pulled through after a serious illness.
    - Português: Ela se recuperou após uma doença grave.

398. **Pull up - Parar**
    - Inglês: He pulled up to the stop sign.
    - Português: Ele parou no sinal de parada.

399. **Push ahead - Continuar**
    - Inglês: Despite the obstacles, they pushed ahead with the project.
    - Português: Apesar dos obstáculos, eles continuaram com o projeto.

400. **Push around - Mandar**
    - Inglês: Don't let them push you around.
    - Português: Não deixe eles mandarem em você.

401. **Push on - Continuar**
    - Inglês: We need to push on if we want to finish on time.
    - Português: Precisamos continuar se quisermos terminar a tempo.

402. **Push through Aprovar**
    - Inglês: They pushed through the new legislation.
    - Português: Eles aprovaram a nova legislação.

403. **Put across - Comunicar**
    - Inglês: He put across his ideas clearly.
    - Português: Ele comunicou suas ideias claramente.

404. Put aside - Colocar de lado
- Inglês: She put aside her book to talk to him.
- Português: Ela colocou de lado seu livro para falar com ele.

405. Put away - Guardar
- Inglês: Please put away your toys.
- Português: Por favor, guarde seus brinquedos.
- Put back Recolocar
- Inglês: Put the milk back in the fridge.
- Português: Recoloque o leite na geladeira.

406. Put by - Pôr de lado
- Inglês: He puts by a little money each month.
- Português: Ele coloca de lado um pouco de dinheiro todo mês.

407. Put down - Colocar
- Inglês: Put down the book and pay attention.
- Português: Coloque o livro e preste atenção.

408. Put forward - Propor
- Inglês: She put forward a new idea.
- Português: Ela propôs uma nova ideia.

409. Put in Investir
- Inglês: He put in a lot of effort into the project.
- Português: Ele investiu muito esforço no projeto.

410. Put off - Adiar
- Inglês: They put off the meeting until next week.
- Português: Eles adiaram a reunião para a próxima semana.

411. Put on - Colocar
- Inglês: Put on your coat before you go outside.
- Português: Coloque seu casaco antes de sair.

412. Put out - Apagar
- Inglês: He put out the fire.
- Português: Ele apagou o fogo.

413. Put over - Comunicar
- Inglês: He put over his point very well.
- Português: Ele comunicou seu ponto de vista muito bem.

414. Put through - Conectar
- Inglês: Can you put me through to the manager?
- Português: Você pode me conectar com o gerente?

415. Put together - Montar
- Inglês: They put together a great team.
- Português: Eles montaram uma ótima equipe.

416. Put up - Construir
- Inglês: They're putting up a new building.
- Português: Eles estão construindo um novo prédio.

417. Put up with - Tolerar
- Inglês: I can't put up with his behavior anymore.
- Português: Eu não posso mais tolerar o comportamento dele.

418. Quiet down - Silenciar
- Inglês: Please quiet down, the baby is sleeping.
- Português: Por favor, silenciem, o bebê está dormindo.

419. Read out - Ler em voz alta
- Inglês: She read out the names of the winners.
- Português: Ela leu em voz alta os nomes dos vencedores.

420. Read over - Revisar
- Inglês: Read over your essay before you submit it.
- Português: Revise seu ensaio antes de enviá-lo.

421. **Read up - on Ler sobre**
    - Inglês: I need to read up on the latest news.
    - Português: Eu preciso ler sobre as últimas notícias.

422. **• Realize on - Realizar**
    - Inglês: They realized on their investment.
    - Português: Eles realizaram seu investimento.

423. **• Reflect on - Refletir sobre**
    - Inglês: He reflected on his past decisions.
    - Português: Ele refletiu sobre suas decisões passadas.

424. **• Relate to - Relacionar-se com**
    - Inglês: I can relate to your situation.
    - Português: Eu posso me relacionar com a sua situação.

425. **• Rely on - Confiar em**
    - Inglês: You can rely on her for help.
    - Português: Você pode confiar nela para ajuda.

426. **Report back - Relatar**
    - Inglês: The scouts reported back to their leader.
    - Português: Os escoteiros relataram ao seu líder.

427. **Rule out - Excluir**
    - Inglês: They ruled out the possibility of an accident.
    - Português: Eles excluíram a possibilidade de um acidente.

428. **Run across - Encontrar por acaso**
    - Inglês: I ran across an old friend at the store
    - Português: Eu encontrei por acaso um velho amigo na loja.

429. **Run after - Perseguir**
    - Inglês: The dog ran after the cat.
    - Português: O cachorro perseguiu o gato.

430. **Run away - Fugir**
    - Inglês: He ran away from home when he was fifteen.
    - Português: Ele fugiu de casa quando tinha quinze anos.

431. **Run down - Abaixar**
    - Inglês: The battery ran down quickly.
    - Português: A bateria abaixou rapidamente.

432. **Run for Candidatar-se a**
    - Inglês: She decided to run for mayor.
    - Português: Ela decidiu se candidatar a prefeita.

433. **Run into Encontrar por acaso**
    - Inglês: I ran into my teacher at the supermarket.
    - Português: Eu encontrei por acaso meu professor no supermercado.

434. **Run off - Fugir**
    - Inglês: The thief ran off before the police arrived.
    - Português: O ladrão fugiu antes da polícia chegar.

435. **Run out - Acabar**
    - Inglês: We ran out of milk.
    - Português: Nós ficamos sem leite.

436. **Run over - Atropelar**
    - Inglês: He was run over by a car.
    - Português: Ele foi atropelado por um carro.

437. **Run through - Atravessar**
    - Inglês: Let's run through the plan one more time.
    - Português: Vamos atravessar o plano mais uma vez.

438. **Run up - Acumular**
    - Inglês: She ran up a huge bill at the store.
    - Português: Ela acumulou uma enorme conta na loja.

439. Rush into - Precipitar-se
- Inglês: Don't rush into making a decision.
- Português: Não se precipite em tomar uma decisão.

440. See about - Ver sobre
- Inglês: I'll see about getting tickets for the concert.
- Português: Vou ver sobre conseguir ingressos para o show.

441. See off - Despedir-se
- Inglês: We went to the airport to see him off.
- Português: Fomos ao aeroporto para nos despedir dele.

442. See through - Atravessar
- Inglês: She saw through his lies.
- Português: Ela atravessou suas mentiras.

443. Sell off - Liquidar
- Inglês: They sold off their old stock.
- Português: Eles liquidaram o estoque antigo.

444. Sell out - Esgotar
- Inglês: The concert tickets sold out in minutes.
- Português: Os ingressos do show esgotaram em minutos.

445. Send away - Enviar
- Inglês: He was sent away to boarding school.
- Português: Ele foi enviado para um internato.

446. Send back - Devolver
- Inglês: I sent the defective product back.
- Português: Eu devolvi o produto defeituoso.

447. Send for - Mandar buscar
- Inglês: They sent for a doctor.
- Português: Eles mandaram buscar um médico.

448. Send in - Enviar
- Inglês: Please send in your applications.
- Português: Por favor, enviem suas candidaturas.

449. Send off - Enviar
- Inglês: She sent off the package yesterday.
- Português: Ela enviou o pacote ontem.

450. Send out - Enviar
- Inglês: They sent out invitations for the wedding.
- Português: Eles enviaram convites para o casamento.

451. Set about - Começar
- Inglês: He set about cleaning the house.
- Português: Ele começou a limpar a casa.

452. Set apart - Separar
- Inglês: Her talent sets her apart from others.
- Português: O talento dela a separa dos outros.

453. Set aside - Reservar
- Inglês: We set aside money for our vacation.
- Português: Reservamos dinheiro para nossas férias.

454. Set back - Atrasar
- Inglês: The project was set back by bad weather.
- Português: O projeto foi atrasado pelo mau tempo.

455. Set down - Anotar
- Inglês: She set down her thoughts in a journal.
- Português: Ela anotou seus pensamentos em um diário.

456. Set forth - Apresentar
- Inglês: He set forth his ideas at the meeting.
- Português: Ele apresentou suas ideias na reunião.

457. Set in - Estabelecer
- Inglês: Winter has set in early this year.
- Português: O inverno se estabeleceu cedo este ano.

458. Set off - Partir
- Inglês: We set off early to avoid traffic.
- Português: Partimos cedo para evitar o trânsito.

459. Set out - Partir
- Inglês: They set out on their journey at dawn.
- Português: Eles partiram em sua jornada ao amanhecer.

460. Set to - Pôr-se a
- Inglês: He set to work immediately.
- Português: Ele pôs-se a trabalhar imediatamente.

461. Set up - Estabelecer
- Inglês: They set up a new company.
- Português: Eles estabeleceram uma nova empresa.

462. Settle down Acalmar-se
- Inglês: It's time to settle down and start a family.
- Português: É hora de se acalmar e começar uma família.

463. Settle for Contentar-se com
- Inglês: She won't settle for anything less than perfection.
- Português: Ela não vai se contentar com nada menos que a perfeição.

464. Settle on Decidir-se por
- Inglês: We settled on the blue paint for the living room.
- Português: Nós decidimos pela tinta azul para a sala de estar.

465. • Show off Exibir-se
- Inglês: He likes to show off his new car.
- Português: Ele gosta de exibir seu carro novo.

466. Show up - Aparecer
- Inglês: She showed up late for the meeting.
- Português: Ela apareceu tarde para a reunião.

467. Shut down - Fechar
- Inglês: They shut down the factory last year.
- Português: Eles fecharam a fábrica no ano passado.

468. Shut in Enclausurar
- Inglês: He was shut in his room all day.
- Português: Ele ficou enclausurado no quarto o dia todo.

469. Shut off - Desligar
- Inglês: Please shut off the lights before you leave
- Português: Por favor, desligue as luzes antes de sair.

470. Shut out - Excluir
- Inglês: They shut out all the noise.
- Português: Eles excluíram todo o ruído.

471. Shut up - Calar-se
- Inglês: He told them to shut up.
- Português: Ele disse para eles se calarem.

472. Sign in - Registrar-se
- Inglês: Please sign in at the front desk.
- Português: Por favor, registre-se na recepção.

473. Sign out - Desconectar-se
- Inglês: Don't forget to sign out before you leave.
- Português: Não se esqueça de se desconectar antes de sair.

474. Sign up - Inscrever-se
- Inglês: She signed up for a cooking class.
- Português: Ela se inscreveu em uma aula de culinária.

475. **Sit back - Relaxar**
    - Inglês: Sit back and enjoy the show.
    - Português: Relaxe e aproveite o show.

476. **Sit down - Sentar-se**
    - Inglês: Please sit down and make yourself comfortable.
    - Português: Por favor, sente-se e fique à vontade.

477. **Sit in - Participar**
    - Inglês: She decided to sit in on the meeting.
    - Português: Ela decidiu participar da reunião.

478. **Sit out - Não participar**
    - Inglês: I'll sit out this dance.
    - Português: Eu não vou participar desta dança.

479. - **Sit up - Sentar-se**
    - Inglês: Sit up straight! –
    - Português: Sente-se direito!

480. **Sleep in - Dormir até tarde**
    - Inglês: I like to sleep in on weekends.
    - Português: Eu gosto de dormir até tarde nos fins de semana.

481. **Sleep off - Recuperar-se de**
    - Inglês: He slept off the effects of the medicine.
    - Português: Ele se recuperou dos efeitos do remédio.

482. **Sort out - Resolver**
    - Inglês: They need to sort out their differences.
    - Português: Eles precisam resolver suas diferenças.

483. **Speak for - Falar por**
    - Inglês: I can't speak for everyone, but I agree.
    - Português: Eu não posso falar por todos, mas eu concordo.

484. **Speak out - Manifestar-se**
    - Inglês: She decided to speak out against the injustice.
    - Português: Ela decidiu se manifestar contra a injustiça.

485. **Speak up - Falar mais alto**
    - Inglês: Please speak up, we can't hear you.
    - Português: Por favor, fale mais alto, não conseguimos te ouvir.

486. **Stand by - Apoiar**
    - Inglês: I'll stand by you no matter what.
    - Português: Eu vou te apoiar, não importa o que aconteça.

487. **Stand for - Representar**
    - Inglês: The symbol stands for peace.
    - Português: O símbolo representa a paz.

488. **Stand out Destacar-se**
    - Inglês: She stands out in a crowd.
    - Português: Ela se destaca na multidão.

489. **Stand up - Levantar-se**
    - Inglês: Please stand up when the judge enters.
    - Português: Por favor, levantem-se quando o juiz entrar.

490. **Stand up for - Defender**
    - Inglês: He always stands up for his friends.
    - Português: Ele sempre defende seus amigos.

491. **Stick around - Ficar por perto**
    - Inglês: Why don't you stick around for a while?
    - Português: Por que você não fica por perto por um tempo?

492. **Stick to- Aderir a**
    - Inglês: You need to stick to the plan if you want to succeed.
    - Português: Você precisa aderir ao plano se quiser ter sucesso.

493. **Stick with -nContinuar com**
    - Inglês: I'll stick with my decision.
    - Português: Vou continuar com a minha decisão.

494. **Take after -Parecer-se com**
    - Inglês: She takes after her mother.
    - Português: Ela se parece com a mãe.

495. **Take apart - Desmontar**
    - Inglês: He took the engine apart to fix it.
    - Português: Ele desmontou o motor para consertá-lo.

496. **Take away - Levar embora**
    - Inglês: The waiter took away the plates.
    - Português: O garçom levou embora os pratos.

497. **Take back - Retirar o que disse**
    - Inglês: I take back what I said about you.
    - Português: Eu retiro o que disse sobre você.

498. **Take off -Decolar**
    - Inglês: The plane will take off at 9 AM.
    - Português: O avião vai decolar às 9h.

499. **Take on - Assumir**
    - Inglês: He took on new responsibilities at work.
    - Português: Ele assumiu novas responsabilidades no trabalho.

500. **Take out - Levar para fora**
    - Inglês: He took his girlfriend out to dinner.
    - Português: Ele levou a namorada para jantar.

501. **Take over - Assumir o controle**
    - Inglês: She took over the family business.
    - Português: Ela assumiu o controle dos negócios da família.

502. Take up - Começar a fazer
- Inglês: He took up jogging to stay in shape.
- Português: Ele começou a correr para se manter em forma.

503. Talk back - Responder de forma rude
- Inglês: Don't talk back to your parents.
- Português: Não responda de forma rude aos seus pais.

504. Talk over - Discutir
- Inglês: We need to talk over the proposal before making a decision.
- Português: Precisamos discutir a proposta antes de tomar uma decisão.

505. Tell off - Repreender
- Inglês: She told him off for being late.
- Português: Ela o repreendeu por estar atrasado.

506. Think over - Refletir sobre
- Inglês: I need some time to think it over.
- Português: Eu preciso de um tempo para refletir sobre isso.

507. Throw away - Jogar fora
- Inglês: Don't throw away your old clothes, donate them.
- Português: Não jogue fora suas roupas velhas, doe-as.

508. Throw up - Vomitar
- Inglês: He threw up after eating something bad.
- Português: Ele vomitou depois de comer algo estragado.

509. Try on - Experimentar
- Inglês: She tried on several dresses before choosing one.
- Português: Ela experimentou vários vestidos antes de escolher um.

510. Turn down - Recusar
- Inglês: He turned down the job offer.
- Português: Ele recusou a oferta de emprego.

511. Turn off - Desligar
- Inglês: Please turn off the lights when you leave.
- Português: Por favor, desligue as luzes quando sair.

512. Turn on - Ligar
- Inglês: Can you turn on the TV?
- Português: Você pode ligar a TV?

513. Turn out - Acabar sendo
- Inglês: It turned out that the rumors were false.
- Português: Acabou sendo que os rumores eram falsos.

514. Turn up - Aparecer
- Inglês: She turned up late to the party.
- Português: Ela apareceu tarde na festa.

515. Use up - Usar tudo
- Inglês: We used up all the flour baking cookies.
- Português: Usamos toda a farinha fazendo biscoitos.

516. Wake up - Acordar
- Inglês: I usually wake up at 7 AM.
- Português: Eu normalmente acordo às 7h.

517. Watch out - Prestar atenção
- Inglês: Watch out for that car!
- Português: Cuidado com aquele carro!

518. Work out - Exercitar-se
- Inglês: She works out at the gym every morning.
- Português: Ela se exercita na academia todas as manhãs.

519. Work out - Resolver
- Inglês: They worked out their differences.
- Português: Eles resolveram suas diferenças.

520. Write down - Anotar
- Inglês: Please write down your phone number.
- Português: Por favor, anote seu número de telefone.

www.ingramcontent.com/pod-product-compliance
Lightning Source LLC
Chambersburg PA
CBHW060213050426
42446CB00013B/3065